Kamus Bergambar Pertama
Haiwan

First Picture Dictionary
Animals

Babi
Pig

Arnab
Rabbit

Rama-rama
Butterfly

Musang
Fox

Dilukis oleh Anna Ivanir

www.kidkiddos.com
Copyright ©2025 by KidKiddos Books Ltd.
support@kidkiddos.com

All rights reserved. No part of this book may be reproduced in any form or by any electronic or mechanical means, including information storage and retrieval systems, without written permission from the publisher, except in the case of a reviewer, who may quote brief passages embodied in critical articles or in a review.
First edition, 2025

Library and Archives Canada Cataloguing in Publication
First Picture Dictionary - Animals (Malay English Bilingual edition)
ISBN: 978-1-83416-636-0 paperback
ISBN: 978-1-83416-637-7 hardcover
ISBN: 978-1-83416-635-3 eBook

Haiwan Liar
Wild Animals

Badak Air
Hippopotamus

Panda
Panda

Musang
Fox

Badak Sumbu
Rhino

Rusa
Deer

Rusa Besar
Moose

Serigala
Wolf

✦*Rusa besar ialah perenang yang hebat dan boleh menyelam di bawah air untuk makan tumbuhan!*

✦A moose is a great swimmer and can dive underwater to eat plants!

Tupai
Squirrel

Koala
Koala

✦*Tupai menyimpan kacang untuk musim sejuk, tetapi kadang-kadang lupa tempat simpannya!*

✦A squirrel hides nuts for winter, but sometimes forgets where it put them!

Gorila
Gorilla

Haiwan Peliharaan
Pets

Burung Kenari
Canary

✦ *Katak boleh bernafas melalui kulitnya selain daripada paru-parunya!*
✦ *A frog can breathe through its skin as well as its lungs!*

Tikus Belanda
Guinea Pig

Katak
Frog

Hamster
Hamster

Ikan Emas
Goldfish

Anjing
Dog

♦ *Sesetengah burung kakak tua boleh meniru perkataan dan juga ketawa seperti manusia!*

♦ Some parrots can copy words and even laugh like a human!

Burung Kakak Tua
Parrot

Kucing
Cat

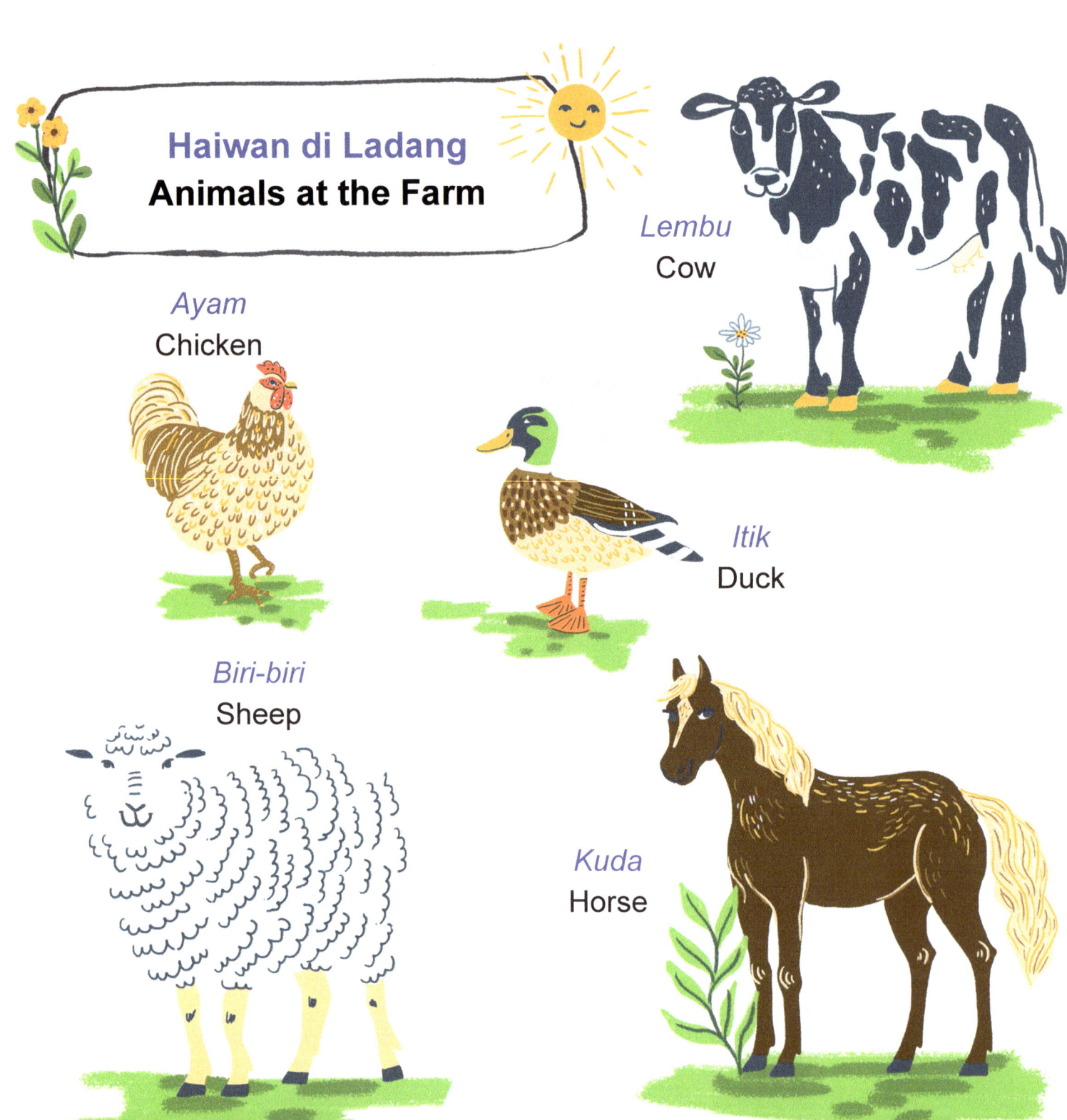

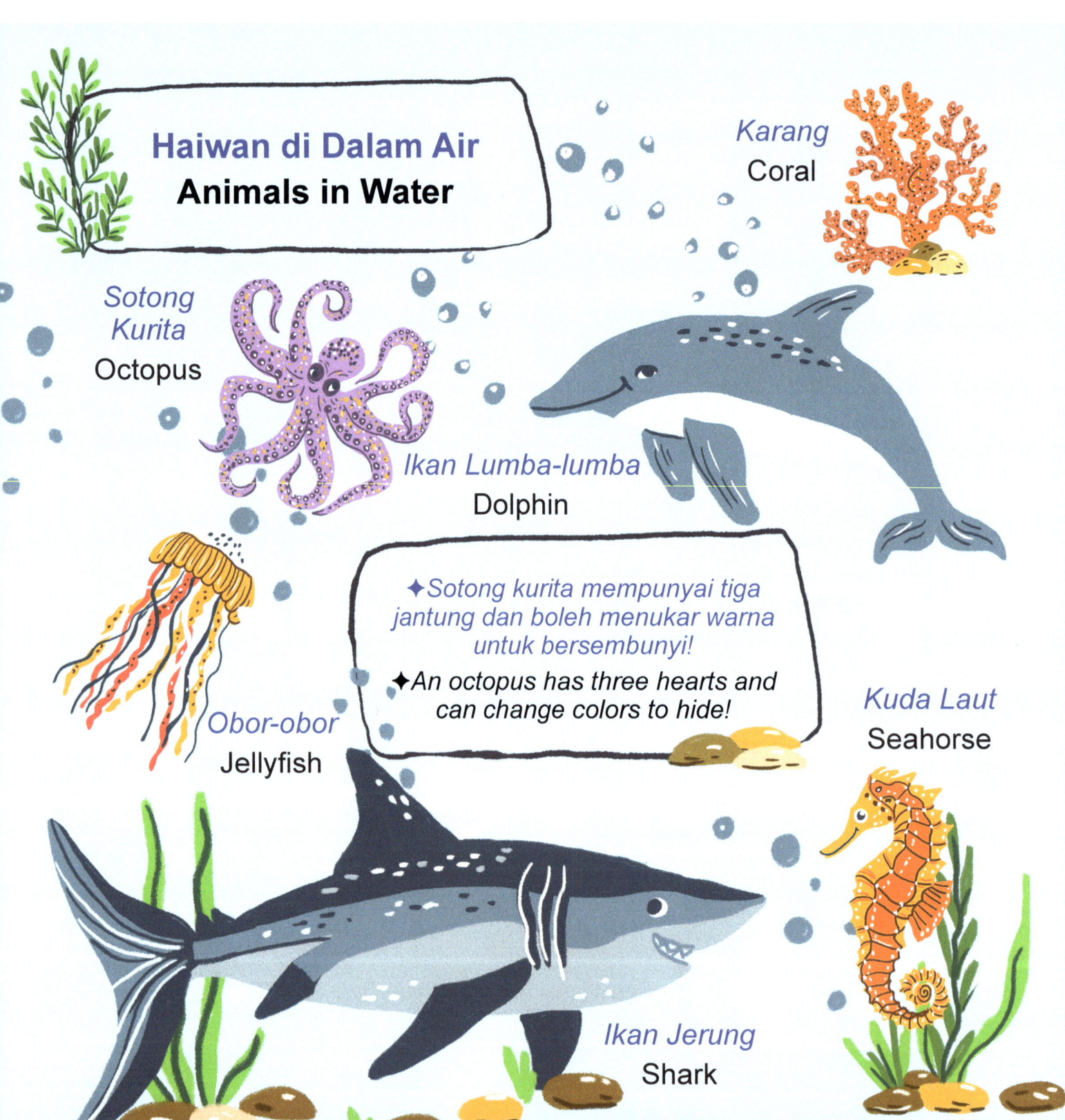

Bejar
Badger

Landak
Porcupine

Marmot
Groundhog

◆ Cicak boleh menumbuhkan ekor baharu jika ia kehilangan yang lama!
◆ A lizard can grow a new tail if it loses one!

Cicak
Lizard

Semut
Ant

Haiwan Kecil
Small Animals

Sesumpah
Chameleon

Labah-labah
Spider

✦ *Burung unta ialah burung terbesar, tetapi ia tidak boleh terbang!*
✦ An ostrich is the biggest bird, but it cannot fly!

Lebah
Bee

✦ *Siput membawa rumahnya di atas belakangnya dan bergerak dengan sangat perlahan.*
✦ A snail carries its home on its back and moves very slowly.

Siput
Snail

Tikus
Mouse

Orang Utan
Orangutan

Harimau Kumbang
Panther

Burung Tukan
Toucan

Gorila
Gorilla

Iguana
Iguana

Haiwan Hutan
Jungle Animals

Ular Anakonda
Anaconda

Sloth
Sloth

Burung Hantu
Owl

Kelawar
Bat

◆ Burung hantu berburu malam dengan pendengarannya mencari makanan!

◆ An owl hunts at night and uses its hearing to find food!

◆ Kelip-kelip menyala pada waktu malam untuk mencari kelip-kelip lain.

◆ A firefly glows at night to find other fireflies.

Rakun
Raccoon

Labah-labah Tarantula
Tarantula

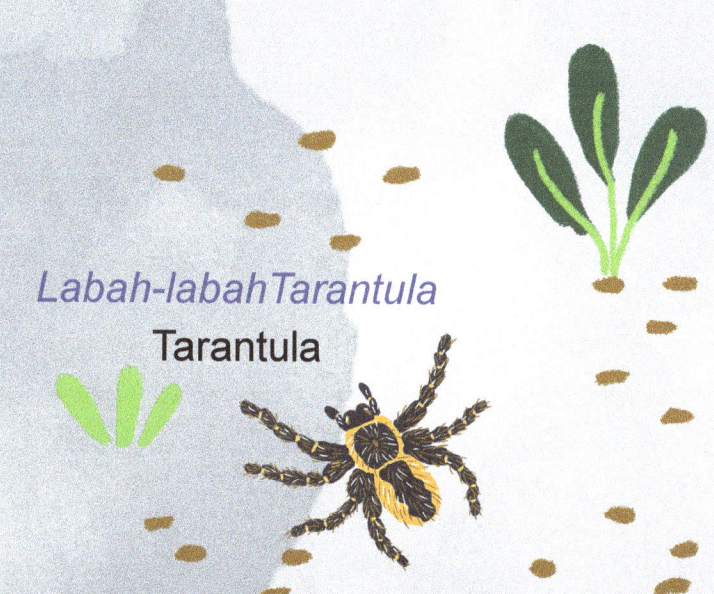

Haiwan Berwarna-warni
Colorful Animals

Burung flamingo berwarna merah jambu
A flamingo is pink

Burung hantu berwarna coklat
An owl is brown

Angsa berwarna putih
A swan is white

Sotong kurita berwarna ungu
An octopus is purple

Katak berwarna hijau
A frog is green

✦ *Katak berwarna hijau, jadi ia boleh bersembunyi di antara daun-daun.*
✦ *A frog is green, so it can hide among the leaves.*

Haiwan dan Anak-anaknya
Animals and Their Babies

Lembu dan anak lembu
Cow and Calf

Kucing dan anak kucing
Cat and Kitten

✦ *Anak ayam "bercakap" dengan ibunya sebelum menetas lagi.*
✦ A chick talks to its mother even before it hatches.

Ayam dan anak ayam
Chicken and Chick

Anjing dan anak anjing
Dog and Puppy

Rama-rama dan ulat bulu
Butterfly and Caterpillar

Biri-biri dan anak biri-biri
Sheep and Lamb

Kuda dan anak kuda
Horse and Foal

Babi dan anak babi
Pig and Piglet

Kambing dan anak kambing
Goat and Kid

www.ingramcontent.com/pod-product-compliance
Lightning Source LLC
LaVergne TN
LVHW072102060526
838200LV00061B/4789